Schiller
&
a cultura estética

Coleção **PASSO-A-PASSO**

CIÊNCIAS SOCIAIS PASSO-A-PASSO
Direção: Celso Castro

FILOSOFIA PASSO-A-PASSO
Direção: Denis L. Rosenfield

PSICANÁLISE PASSO-A-PASSO
Direção: Marco Antonio Coutinho Jorge

Ver lista de títulos no final do volume

Ricardo Barbosa

Schiller
&
a cultura estética

Jorge Zahar Editor
Rio de Janeiro

*Para João Helio Duarte Corrêa Barbosa e
Dulce de Figueiredo Corrêa Barbosa (in memoriam)*

Copyright © 2004, Ricardo José Corrêa Barbosa

Copyright desta edição © 2004:
Jorge Zahar Editor Ltda.
rua México 31 sobreloja
20031-144 Rio de Janeiro, RJ
tel.: (21) 2240-0226 / fax: (21) 2262-5123
e-mail: jze@zahar.com.br
site: www.zahar.com.br

Todos os direitos reservados.
A reprodução não-autorizada desta publicação, no todo
ou em parte, constitui violação de direitos autorais. (Lei 9.610/98)

Composição eletrônica: TopTextos Edições Gráficas Ltda.
Impressão: Geográfica Editora

Capa: Sérgio Campante

CIP-Brasil. Catalogação-na-fonte
Sindicato Nacional dos Editores de Livros, RJ.

B211s
Barbosa, Ricardo José Corrêa, 1961-
Schiller & a cultura estética / Ricardo Barbosa. — Rio
de Janeiro: Jorge Zahar Ed., 2004
(Filosofia Passo-a-passo)

Inclui bibliografia
ISBN 85-7110-797-1

1. Schiller, Friedrich, 1759-1805. 2. Estética. 3. Arte —
Filosofia. 4. Filosofia alemã. I. Título. II. Série.

CDD 193
04-1325
CDU 1(43)

Sumário

Introdução	7
A "revolução no mundo filosófico" e a necessidade da estética	9
A "criação política" e a necessidade da "cultura estética"	18
A cultura estética e a razão prática: uma radicalização da *Aufklärung*	32
Seleção de textos	55
Referências e fontes	68
Leituras recomendadas	70
Sobre o autor	72

A preparação deste livro contou com o apoio de uma bolsa de produtividade em pesquisa do CNPq, do Prociência (programa de dedicação exclusiva dos docentes da Uerj) e do Schiller Nationalmuseum / Deutsches Literatur Archiv, em Marbach am Neckar, Alemanha. Sou especialmente grato à atenção crítica e generosa dos alunos e colegas do curso de graduação e do Programa de Pós-graduação em Filosofia da Uerj, bem como do Grupo de Trabalho de Estética da Anpof, aos quais devo inúmeras oportunidades de discussões e conversas esclarecedoras.

Introdução

Entre 1791 e 1795, Friedrich Schiller (1759-1805) produziu praticamente todos os seus escritos estéticos. Neles se concentram a expressão filosófica de sua autoconsciência como artista e de sua atitude diante da modernidade nascente, manifesta especialmente numa tomada de posição diante da obra de Kant, da *Aufklärung* e da Revolução Francesa. A existência desses escritos deveu-se em boa medida ao mecenato do príncipe dinamarquês Friedrich Christian von Schleswig-Holstein-Augustenburg. *Sobre a educação estética do homem*, o mais conhecido fruto desse mecenato, foi originalmente escrito como uma série de cartas destinadas ao Príncipe e publicado em 1795, em três partes, na revista *Die Horen* [As horas], o maior e mais ambicioso projeto de Schiller como publicista.

Habermas viu nessas cartas "o primeiro escrito programático para uma crítica estética da modernidade". Ele dá voz a um problema que viria a se tornar recorrente: o da busca de um novo princípio unificador da cultura, capaz de desempenhar o papel de um equivalente funcional da religião. Schiller acreditava que a arte, uma vez liberta de constrangimentos externos, como os da própria religião, e assim tornada uma esfera autônoma, poderia assumir esse papel. Se a filosofia kantiana lhe oferecera os meios conceituais capazes de tornar plausível tal possibilidade, a estagnação da *Aufklärung* no intelectualismo da cultura teórica e a degeneração da Revolução Francesa no *Terror*, que indignava Schiller, conferiam àquela possibilidade a urgência de uma necessidade histórica. Eis por que o problema da *cultura estética* ocupa o centro da crítica de Schiller à modernidade.

Seria ingênuo supor que a convicção de Schiller no poder regenerador da arte e do gosto implicava uma estetização da cultura. Como Kant, Schiller defendia a *autonomia* das esferas estética, teórica e moral — o que tornava decisivo o problema de como elas se comunicam entre si e reagem sobre a vida cotidiana. A busca de um princípio unificador de uma cultura progressivamente secularizada, longe de se confundir com a assunção unilateral de *uma* dessas esferas, recai sobre o conceito de uma razão una e diferenciada, irredutível a uma das formas de racionalidade. Nessa exigência, Schiller viu o sentido mesmo da *Aufklärung*.

Embora não perca de vista os nexos entre a cultura estética e a cultura teórica, a reflexão de Schiller concentra-se nas relações entre as esferas estética e moral — ou, mais precisamente, entre a arte e o gosto, por um lado, e todo o espectro da razão prática, por outro, o que envolve a moral, o direito e a política. No que se segue, gostaria de oferecer uma pequena introdução a *Sobre a educação estética do homem*, voltando-me para a origem dessa obra, para a história de sua *primeira versão*: a correspondência de Schiller com o seu mecenas, o príncipe de Augustenburg, de fevereiro a dezembro de 1793, ainda inédita em português. A retomada dos seus passos principais servirá também de acesso à leitura do texto traduzido na Seleção de textos: "Sobre a utilidade moral dos costumes estéticos" — um ensaio que, como veremos, remonta a uma das cartas recebidas pelo Príncipe.

A "revolução no mundo filosófico" e a necessidade da estética

Em meados de 1791 correu pela Alemanha a notícia de que Schiller falecera. Ele contava então apenas 31 anos e vivia precariamente em Jena, para onde se mudara em maio de 1789, dois meses depois de ter recebido um inesperado convite para lecionar história e filosofia como professor extraordinário na prestigiosa universidade daquela pequena cidade da Turíngia. A notícia tinha algum fundamento. Afinal, em pouco tempo Schiller sofrera três violentos ataques da doença pulmonar que minaria suas forças e o levaria à morte 14 anos depois.

Famoso desde que *Os bandoleiros*, sua primeira peça teatral, fora encenada com grande sucesso em Mannheim dez anos antes, a notícia da "morte" de Schiller chegou à imprensa, rompeu as fronteiras da Alemanha e foi recebida com grande comoção na Dinamarca. Schiller tornara-se um escritor cultuado por um pequeno círculo naquele país devido à admiração que lhe tinha o jovem poeta e crítico literário dinamarquês Jens Baggesen, *protegée* do príncipe de Augustenburg e íntimo da família Schimmelmann. Baggesen fora apresentado a Schiller em Jena, no verão de 1790, por úm amigo recente — Karl Leonhard Reinhold, o principal professor de filosofia da universidade. Foi o próprio Reinhold quem desmentiu o boato da morte de Schiller numa carta a Baggesen de junho de 1791; mas o alívio causado pela boa notícia não demorou a se converter num novo pesar.

Em outubro de 1791, Reinhold escreveu a Baggesen contando-lhe que Schiller se encontrava "razoavelmente bem" e que teria condições de se recuperar caso pudesse deixar de lado por algum tempo suas pesadas obrigações profissionais. Mas o próprio Reinhold sabia que isso era impossível.

> Schiller tem como rendimento fixo não mais do que eu, ou seja, 200 táleres, os quais não sabemos, quando estamos doentes, se devemos enviá-los para a farmácia ou para a cozinha.

Ao tomar conhecimento dessa carta, o príncipe de Augustenburg convenceu-se de era preciso fazer algo por Schiller e, com o apoio de Baggesen, ganhou a adesão do conde Ernst Heinrich von Schimmelmann, ministro das finanças da Dinamarca, para o seu plano de ajuda. Desse arranjo resultou uma carta amável e respeitosa, escrita a 27 de novembro de 1791 pelo Príncipe e assinada também por

Schimmelmann. E assim Schiller recebeu a oferta de uma ajuda anual de 1.000 táleres por três anos, um convite para uma visita à Dinamarca e foi sondado sobre o seu interesse na possibilidade de um futuro posto naquele país.

O silêncio que se seguiu às palavras de agradecimento que Schiller enviou aos novos amigos dinamarqueses só seria quebrado cerca de um ano depois, a 9 de fevereiro de 1793, por uma longa carta ao príncipe de Augustenburg. Com ela começa a correspondência filosófica propriamente dita entre Schiller e o seu mecenas. Constrangido, Schiller lhe contava que passara o ano anterior em luta contra a doença, mas que ainda assim trabalhara bastante, embora já não contasse mais com a possibilidade de apresentar os resultados dos seus estudos ainda naquele inverno, e sim apenas ao final do verão. Àquela altura, Schiller havia praticamente encerrado o ciclo dos seus estudos históricos e estava intensamente ocupado com a leitura de Kant, sobretudo com a *Crítica da faculdade do juízo*. Ele continuara a estudar essa obra em janeiro de 1792, retomando-a em maio e em meados de outubro, sob a pressão de preparar o manuscrito de suas preleções sobre estética, iniciadas a 5 de novembro. Além disso, havia a revista que começara a editar no início de 1792, *Neue Thalia*, na qual publicaria alguns dos seus mais importantes ensaios estéticos.

Schiller reatava seu contato com o príncipe de Augustenburg num momento em que alimentava um outro plano, implicitamente mencionado na carta quando disse que já não mais achava possível apresentar os resultados dos seus estudos naquele inverno. Esse plano, que Schiller nunca chegou a comunicar oficialmente ao Príncipe, fora de início confiado apenas a Christian Gottfried Körner, em carta de 21 de dezembro de 1792. Schiller lhe dizia que, apesar dos argumentos contrários de Kant, encontrara o conceito objetivo do belo capaz de figurar como um princípio objetivo para o gosto, e que pretendia expor suas idéias num diálogo, *Kallias ou sobre a beleza*, a ser publicado na Páscoa seguinte. O material preparatório para esse livro, publicado postumamente, foi certamente extraído dos manuscritos das preleções de estética que Schiller vinha oferecendo e conservou-se na correspondência que ele manteve com Körner entre 25 de janeiro e 28 de fevereiro de 1793.

As cartas que Schiller passaria a trocar com o príncipe de Augustenburg de fevereiro a dezembro de 1793 são, de certo modo, uma continuação da correspondência com Körner em torno do projeto de *Kallias*, embora num outro plano. Seu ponto de partida ainda é Kant; seu propósito, o de estender a revolução filosófica da crítica da razão ao âmbito da estética, ampliando os seus limites. Embora Schiller reconhecesse que tal propósito era "algo temerário", não recuava diante da "irresistível tentação" que o levou a abandonar provisoriamente o terreno da poesia para explorar o da filosofia. Para ele, a "revolução no mundo filosófico" feita por Kant não só demolira toda a estética, como lançara as bases para "uma nova teoria da arte". Mas se tudo indicava que "poderia muito bem ter chegado finalmente a vez de a estética experimentar uma regeneração", a metafísica e, de modo mais imediato, o direito natural e a política como que esgotavam o interesse dos pensadores contemporâneos, em prejuízo do que restava a ser feito pela estética — ou seja, quase tudo.

Assim, por esse lado parece nascer pouca luz para a filosofia da arte, e numa época em que o espírito humano examina e ilumina todos os campos do saber, somente ela parece ter de permanecer em sua habitual obscuridade.

Convencido de que a estética "merece um destino melhor", Schiller confessa ao Príncipe o que não era novidade para Körner e seus amigos e ouvintes mais próximos: que decidira se tornar o "cavaleiro" dessa ciência filosófica, valendo-se de sua experiência como artista, já que os filósofos se viam atraídos noutra direção.

Ao que me parece, para a fundação de uma teoria da arte não é suficiente ser filósofo; é preciso ter exercido a própria arte, e isso, creio, me dá algumas vantagens sobre aqueles que sem dúvida serão superiores a mim em conhecimento filosófico. Um exercício bastante prolongado da arte proporcionou-me a oportunidade de observar a natureza em mim mesmo naquelas operações que não se aprende pelos livros. Mais do que qualquer um dos que na Alemanha são meus irmãos na arte, aprendi pelos *erros*, e isso, ao que me parece, conduz, mais do que o caminho seguro de um gênio que nunca se equivoca, à inteligência clara no santuário da arte. Isto é aproximadamente o que sei invocar de antemão como justificativa para o meu empreendimento; o sucesso mesmo tem de ser decidido pelo restante.

Como na correspondência com Körner, Schiller insiste na necessidade do estabelecimento de um princípio objetivo universalmente válido do belo. Apenas sobre esse princípio, desacreditado por Kant, o gosto poderia ser orientado e a estética finalmente erguida como uma ciência filosófica. A dificuldade, no entanto, era clara. Por um lado, Schiller admitia que as leis universais e eternas da razão não poderiam estar à base apenas do regime da verdade teórica e da correção normativa prática, que também a legislação do gosto tinha de estar radicada na razão. Por outro lado, como a beleza é da ordem do sentimento e não do conhecimento, a possibilidade de um princípio objetivo universalmente válido do belo parece insustentável, já que ele não se deixa derivar daquela fonte.

> Considera-se habitualmente uma explicação da beleza como fundamentada apenas porque ela está em concordância em casos isolados com a sentença do sentimento, ao passo que, se houvesse efetivamente um conhecimento do belo a partir de princípios, dever-se-ia ser fiel à sentença do sentimento apenas porque ela está em concordância com a explicação do belo. Ao invés de se examinar e retificar seus sentimentos segundo princípios, examina-se os princípios estéticos segundo seus sentimentos.

Este é o nó cujo desate infelizmente mesmo Kant considera impossível.

Schiller estava convencido de que com a *Crítica da faculdade do juízo* Kant abrira as portas para a estética, ao mesmo tempo em que limitara precipitadamente suas possibilidades sob o argumento de que, nesse âmbito — e ao contrário do que se passa com o exame dos usos teórico e prático da razão —, à *crítica* não se segue nenhuma *doutrina*, pois seria rigorosamente impossível um princípio objetivo para o belo e o gosto. No entanto, é precisamente o fundamento de determinação desse princípio que Schiller julgara ter encontrado — e isso com os meios da própria filosofia de Kant.

> Essa fecunda filosofia, da qual com tanta freqüência se diz apenas que sempre demole e nada constrói, fornece, segundo minha convicção atual, as sólidas pedras fundamentais para erguer também um sistema da estética, e somente a partir de uma idéia preconcebida do seu criador posso explicar para mim mesmo que ele ainda não tenha logrado esse mérito. Longe de mim considerar-me como aquele a quem isso está reservado; quero ao menos tentar saber quão longe o caminho descoberto me leva. Caso ele não me leve logo à meta, ainda assim não está totalmente perdida uma viagem na qual a verdade é buscada.

O que Schiller anuncia nessa carta se liga antes ao que confiara a Körner sobre o projeto de *Kallias* do que ao teor da correspondência que ora iniciava com o Príncipe. Na verdade, embora não tivesse esgotado o problema do fundamento objetivo do belo, Schiller parecia convencido de que ao menos encaminhara corretamente sua solução e se mostrava bem mais autoconfiante diante de Körner do que nessas linhas ao Príncipe. Sua intenção era a de, sobre o patamar conceitual recém-atingido por suas reflexões, lançar um olhar numa nova direção, em relação à qual Kant se abstivera justificadamente: a dos efeitos do gosto e da arte sobre a formação do homem. Esse será o tema dominante das cartas ao seu mecenas, um primeiro ensaio de exploração daquele "caminho descoberto". Schiller tinha planos mais precisos para essa correspondência, mas era necessário adequá-los ao caráter ainda experimental da exploração do novo território. Daí o pedido com o qual encerrava essa carta: que o Príncipe consentisse em que a apresentação de suas idéias sobre a beleza, antes de entregá-las ao público, se fizesse aos poucos, ao longo de sua correspondência com ele.

A 11 de fevereiro, portanto, três dias depois de ter escrito ao Príncipe, Schiller suspendeu provisoriamente o plano de publicar *Kallias*, como se lê numa carta ao seu amigo Fischenich. No final desse mês, esboçou o primeiro plano de "Sobre graça e dignidade" e leu *A religião nos limites da simples razão*, que Kant acabara de publicar. Em março, o Príncipe comunicou a Schiller que aceitaria com prazer uma troca de cartas sobre as idéias que este estava em vias de desenvolver, embora temesse não ser um interlocutor adequado já que lhe faltavam muitos conhecimentos filosóficos, especialmente relativos a Kant. Enquanto isso, Schiller continuava a oferecer suas preleções de estética, mas no dia 22 de março, depois de se sentir mal durante uma das aulas, viu-se obrigado a suspender o curso. No entanto, na carta escrita a Körner nesse mesmo dia, relatando o que se passara com ele durante a preleção, reiterava seu plano de continuar a trabalhar em *Kallias*. Consta que Schiller voltou a oferecer suas preleções de estética no semestre de verão, mas não se sabe se chegou a concluí-las. Não restam dúvidas, porém, que a preparação desse curso rendeu-lhe um farto material.

Em outubro do ano anterior, enquanto cuidava desse material e se encontrava "enfiado até os ouvidos" na *Crítica da faculdade do juízo*, como afirmou numa carta a Körner, Schiller planejou seus estudos em vista não só das aulas, mas de tal modo que seus apontamentos pudessem resultar facilmente em "algo legível para a *Thalia*". Em maio de 1793, ele trabalhava em dois ensaios para a sua revista: "Sobre graça e dignidade", onde desenvolveu detalhadamente sua concepção da "beleza moral", já esboçada nas cartas a Körner sobre *Kallias*, e "Sobre o patético" — que remonta aos manuscritos de suas preleções sobre estética, tal como "Do sublime. Para um desenvolvimento de algumas idéias kantianas", "Pensamentos sobre o uso do comum e do baixo na arte" e "Observações dispersas sobre diversos objetos estéticos".

"Sobre graça e dignidade" foi publicado ao final de junho na *Neue Thalia* e em separata. Extremamente satisfeito com esse trabalho realizado em apenas seis semanas, Schiller logo o enviou a Körner: "Considere-o como uma espécie de precursor da minha teoria do belo", escreveu ao amigo, revelando-lhe que já vinha desenvolvendo essa teoria na correspondência com o seu mecenas. "Devo a ele uma prova pública de atenção e sei que ele não é insensível a isso", observava Schiller; mas o que mais o animava era a possibilidade de cumprir um dever com alegria, pois a forma epistolar concedia-lhe prazer e liberdade na exposição de sua teoria, tornando um mérito pessoal o que ele, talvez não sem ironia, chamava de sua "incapacidade para dogmatizar", tão conveniente ao objeto das cartas quanto ao seu destinatário. "Na teoria do belo também tratarei dos princípios da bela arte", ele dizia, "e penso realizar algo aí."

Na correspondência que se iniciava, Schiller não deixaria de tratar dos "princípios da bela arte", mas colocaria à prova sua "teoria do belo" em vista de algo mais urgente: os problemas da atualidade *política*.

A "criação política" e a necessidade da "cultura estética"

Os cuidados com a doença, o trabalho nas preleções sobre estética, nas cartas a Körner sobre *Kallias* e nos artigos para a *Neue Thalia*, interromperam provisoriamente a correspondência com o príncipe de Augustenburg. A 13 de julho de 1793 — portanto, cerca de quatro meses depois de ele ter se disposto a manter um diálogo epistolar — Schiller lhe enviou uma longa carta, na qual agradeceu pelo aceite de sua proposta e justificou sua escolha dos problemas da teoria estética, embora já não mais o fizesse, como na carta anterior, apenas sob o aspecto estritamente filosófico da necessidade de seguir explorando o caminho aberto por Kant, mas para além da *Crítica da faculdade do juízo*. Schiller colocava em questão a relevância prática de sua escolha:

Não é *fora de época* preocupar-se com as necessidades do mundo *estético* onde os assuntos do mundo *político* apresentam um interesse bem mais imediato?

A pergunta não era nada retórica. Schiller acreditava que a chave para a solução das questões do "mundo político" teria de ser forjada precisamente no "mundo estético". Era essa convicção, e não apenas uma inclinação pessoal, que o levava a empreender sua investigação sobre a arte e o gosto. Por isso ele insiste em dizer que

> não se trata aqui do que a arte é para *mim*, e sim de como ela se comporta diante do espírito humano em geral e, em particular, diante da *época* na qual eu me arvoro como seu advogado.

Para Schiller, uma investigação sobre o belo e o gosto era tanto mais importante quanto mais a urgência na solução dos problemas políticos parecia torná-la supérflua e extemporânea. Quer na esfera política, quer na literária, o estranhamento entre a época e a "arte *idealizante*" era crescente. Mas se esta quisesse se manter firme em sua destinação — "pois a arte é uma filha da liberdade" — teria de se erguer acima da necessidade, das coerções físicas que aferram o homem à realidade, e, ao mesmo tempo, fazer valer sua autonomia diante de outras potências espirituais, pois até mesmo a razão especulativa avançava sobre o domínio da imaginação, ampliando o reino da ciência na medida mesma em que o da arte se estreitava. Como se não bastassem as pressões do reino da necessidade e a expansão uni-lateral da esfera da ciência, qual o significado presente de uma reflexão sobre a arte e suas obras quando o que absorve "quase todos os espíritos", ocupando o centro dos "acontecimentos nesse último decênio do século XVIII" é precisamente a "criação política"?

Schiller estava convencido de que essa obra da "criação política" ainda esperava pelo seu artista. Portanto, se se quer essa obra — e eis aqui a tese de Schiller — tem-se antes de formar o seu artista. Mas vejamos como ele chega a essa tese e com que direito a sustenta. O que estava em jogo, naturalmente, era a Revolução Francesa. Era preciso tomar partido e avaliar as conseqüências do que se passava do outro lado do Reno, naquela nação "rica em espírito" e "plena de coragem" — a mesma França cuja Convenção, por lei de 26 de agosto de 1792, concedera o título de *citoyen français* a cerca de vinte estrangeiros por seus serviços à causa da liberdade e da libertação dos povos, homenageando assim "le sieur Gille" (sic), "publiciste allemand", um título cuja documentação chegaria às suas mãos, depois de um tortuoso caminho, apenas em março de 1798. Isso causou em Schiller uma estranha perturbação, pois, como disse a Körner, aquela homenagem vinha "do reino dos mortos" — tanto das pessoas quanto dos ideais mortos... Assim, enquanto a correspondência que mantivera com Körner sobre *Kallias* fora movida por questões estritamente conceituais, as cartas ao Príncipe seriam marcadas pelo viés político.

Em ambos os casos, Schiller buscou elucidar os nexos entre o estético e a razão prática. Se nas cartas sobre *Kallias* esse nexo foi desenvolvido em torno da tese segundo a qual a beleza é a liberdade no fenômeno, na correspondência com o Príncipe estará em jogo o problema dos efeitos da arte e do gosto na formação do cidadão do novo Estado exigido pela revolução burguesa. Enquanto as reflexões para *Kallias* surgiram especialmente através de uma reação à *Crítica da faculdade do juízo*, a correspondência com o Príncipe se deu sob o impacto das conseqüências regressivas da Revolução Francesa: o Terror, no qual Schiller viu o espectro da selvageria e o estado de natureza. Em *Kallias*, ele buscara estabelecer um princípio objetivo para o belo e o gosto com e contra Kant; na correspondência com o Príncipe, Schiller — o *citoyen français* que chegara a pensar em escrever um *mémoire* em defesa de Luís XVI, cuja execução, a 21 de janeiro de 1793, fez explodir sua indignação com a política dos "carrascos" — continuaria recorrendo a Kant, mas para pensar as exigências universais da revolução burguesa com e contra a Revolução Francesa. Numa palavra, era preciso pensar a revolução nos limites da razão.

Para Schiller, esse "grande litígio" representado pela Revolução Francesa tinha de interessar, por seu conteúdo e suas conseqüências, não só a qualquer indivíduo que se considerasse um homem, mas especialmente àquele que, no exato sentido da definição kantiana de *Aufklärung*, pensasse por si mesmo.

Um assunto cuja decisão teria sempre cabido apenas ao direito do mais forte e à conveniência está pendente diante do tribunal da *razão pura* e se arroga ao menos como se quisesse ser julgado segundo *princípios*. Todo homem que pensa por si mesmo está, porém, autorizado (na medida em que é capaz de generalizar seu modo peculiar de representação, de elevar seu indivíduo à espécie) a se ver como um jurado daquele tribunal da razão, do mesmo modo que, como homem e cidadão do mundo, é ao mesmo tempo parte, vendo-se assim implicado no resultado. Não é apenas sua própria *causa* que é decidida nesse grande litígio, mas ele também é proferido segundo *leis* as quais, como colaborador representante da razão, está autorizado a ditar e obrigado a manter.

As reflexões de Schiller sobre os efeitos do belo e da arte na formação do homem são motivadas pelo recrudescimento do entusiasmo diante da Revolução. No entanto, nunca é demais lembrar que sua crítica não é a de um conservador, mas de um homem e cidadão do mundo que não teme levar a própria Revolução diante do tribunal da razão. Sua preocupação fundamental é com a ausência das condições subjetivas necessárias ao estabelecimento de um Estado racional. Daí a ênfase pedagógica, a ênfase na educação do homem. Schiller não hesita em afirmar que se pudesse tomar a obra da Revolução como uma verdadeira instituição da liberdade, como o reconhecimento radical do homem enquanto um fim em si mesmo e da soberania da razão na legislação política,

> então queria me despedir eternamente das musas e dedicar toda minha atividade à mais maravilhosa de todas as obras de arte, à monarquia da razão. Mas esse fato é

justamente o que ouso pôr em dúvida. Sim, estou tão longe de crer no início de uma regeneração no âmbito político, que os acontecimentos da época antes me tiram por séculos todas as esperanças disso.

O ceticismo de Schiller é inequívoco. Certamente, ele dirá, houve um momento em que o futuro se afigurava de outra forma. Foi o momento inicial da *Aufklärung* e de sua "amena ilusão" no poder desmistificador da filosofia e da cultura teórica, de que a transformação do modo de sentir e pensar seria obra do irradiar das cabeças mais brilhantes e da progressiva assimilação coletiva do saber acumulado pela humanidade — um esclarecimento que enfim criaria as condições para o surgimento de

uma época em que a filosofia poderia assumir a construção moral do mundo e a luz triunfar sobre as trevas. Avançou-se a tal ponto na cultura teórica que mesmo as colunas mais veneráveis da superstição começavam a vacilar e o trono de preconceitos milenares já era abalado. Nada mais parecia faltar do que o *sinal* para a grande transformação e uma unificação dos ânimos. Ambos estão dados — mas como isso se deu?

A degeneração da Revolução em terror não só atestaria o relativo fracasso da *Aufklärung* como daria a verdadeira dimensão da tarefa histórica a ser enfrentada: a da formação do homem para a liberdade.

A tentativa do povo francês de se estabelecer nos seus sagrados direitos humanos e conquistar uma liberdade política trouxe a lume apenas a incapacidade e a indignidade do mesmo, e lançou de volta à barbárie e à servidão não apenas esse povo infeliz, mas com ele também uma considerável parte da Europa e um século inteiro. O momento era o mais favorável, mas ele encontrou uma geração corrompida que não mais lhe era merecedora e não soube nem dignificá-lo nem utilizá-lo. O uso que ela fez e faz desse grande presente do acaso demonstra incontestavelmente que o gênero humano ainda não se livrou da violência tutelar, que o regimento liberal da razão chega demasiado cedo onde mal se está pronto para se defender da brutal violência da animalidade, e que aquele a quem ainda falta muito para a liberdade *humana*, ainda não está maduro para a liberdade *civil*.

Em suas ações, o homem se pinta — e que quadro é esse que se nos apresenta no espelho da época atual? Aqui o mais revoltante regresso à selvageria, lá o extremo oposto do afrouxamento: os dois mais tristes descaminhos nos quais o caráter humano pode se perder, unidos numa época.

Esses descaminhos são tipicamente representados para Schiller pelos costumes das classes inferiores e superiores. A exigência racional da liberdade permanece e, com ela, a de um sujeito social competente. Mas é justamente a ausência de um tal sujeito que Schiller deplora. Como um todo cindido e antagônico, a sociedade da época se equilibra pelo contrapeso dos seus males: de um lado, a selvageria dos que vivem presos às coerções do reino das necessidades e às sujeições de todas as formas de tutela; de outro, a lassidão daqueles sobre os quais a *Aufklärung* tivera até então um efeito tão unilateral quanto superficial.

O esclarecimento, do qual as camadas mais altas de nossa época não sem razão se vangloriam, é apenas cultura teórica e, tomado como um todo, mostra uma influência tão pouco enobrecedora sobre as convicções que antes ajuda apenas a fazer da corrupção um sistema e a torná-la irremediável. Um epicurismo mais refinado e conseqüente começou a sufocar a energia do caráter e o grilhão das necessidades, sempre mais firme e estrangulador — essa crescente dependência da humanidade do elemento físico —, levou a que gradualmente as máximas da passividade e da obediência doentia valham como a suprema regra de vida; daí a estreiteza no pensar, a falta de força no agir, a lamentável mediocridade no produzir que, para sua vergonha, caracterizam nossa época. E assim vemos o espírito da época oscilar entre a barbárie e a frouxidão, liberdade de espírito e superstição, rudeza e delicadeza, e é apenas o *equilíbrio dos vícios* que ainda mantém coeso o todo.

Para Schiller, a necessidade de uma transformação radical da sociedade era de tal modo grave que proibia toda ilusão, toda crença ingênua nas grandes rupturas, nas explosões espetaculares da estrutura social, mas desprovidas de lastro cultural. Sob esse aspecto, Schiller pensava como o Kant de 1783 em "Resposta à pergunta: o que é esclarecimento?". Nesse texto hoje clássico, o esclarecimento é definido pela máxima do pensar por si mesmo, livre de toda tutela, de toda heteronomia. Kant desenvolve esse conceito em conexão com o de uso público da razão. O tutor (*Vormund*) é aquele que fala por alguém; o indivíduo esclarecido é aquele que se emancipa, que assume sua maioridade (*Mündigkeit*) falando publicamente por si mesmo. A exigência do esclarecimento converge assim com a de uma cultura da razão enraizada na esfera pública. Kant estava convencido de que os efeitos de uma revolução seriam não só muito superficiais para promover as transformações sociais necessárias, pois estas dependiam de uma mudança no modo de sentir e pensar do povo, como também nocivos para esse fim, pois resultariam da mera troca de uma casta de tutores por outra — e dos preconceitos daquela pelos desta.

Mas o que Kant apenas pensara cerca de dez anos antes reaparece agora em Schiller com o peso de um veto da razão a um experimento revolucionário que o convenceu de que as reais dificuldades para a instituição da liberdade seriam bem mais profundas, desautorizando toda expectativa de mudanças a curto ou médio prazos. A "criação política", a "mais maravilhosa de todas as obras de arte", a "monarquia da razão", careceria ainda de uma cultura na qual o caráter do cidadão, seu criador, deveria ser formado num processo longo e trabalhoso. Schiller escrevia ao Príncipe:

> Se me é pois permitido dizer minha opinião sobre as expectativas e necessidades políticas do presente, confesso que considero extemporânea toda tentativa de uma constituição de Estado a partir de princípios (pois qualquer

outra é mera obra de emergência e remendo) e como quimérica toda esperança nela fundada até que o caráter da humanidade tenha sido novamente elevado de sua profunda decadência — um trabalho para mais de um século.

Mas se a liberdade política e civil é "a mais digna meta de todos os esforços e o grande centro de toda cultura", se nela se consuma a grande obra de arte política que a Revolução não soube criar, a tarefa política — aquele "trabalho para mais de um século" — torna-se antes uma tarefa formativa, pedagógica, pois é preciso "começar a criar cidadãos para a constituição antes de se dar uma constituição aos cidadãos". Se o problema histórico da revolução burguesa é a instituição da liberdade como a obra de fundação do Estado racional, esse Estado parece requerer como base justo o que ainda tem de ser criado: o caráter do cidadão. Não haveria aqui um círculo? Schiller admitia esse círculo, mas também acreditava que só havia um modo de evitá-lo: agir sobre o caráter dos homens *prescindido* do recurso ao Estado. Essa era a tarefa da *cultura estética*.

A formação do caráter pode se dar tanto pela via da "retificação dos conceitos" quanto pela da "purificação dos sentimentos". A "cultura *filosófica*" ocupa-se daquela, enquanto a "cultura *estética*" ocupa-se desta. O alcance da primeira é limitado, pois é longo o caminho que leva da "cabeça" ao "coração". Por outro lado, o simples coração é presa fácil da exaltação quando calada a voz do entendimento. Um "caráter perfeito", dirá Schiller, é aquele no qual a "saúde da cabeça" e a "pureza da vontade" formam um todo. Nele se espelha a imagem de um caráter racional, se entendermos isso como um jogo de equilíbrio entre o teórico, o prático e o estético. Tudo depende de uma mobilização da cultura como uma mobilização integral das esferas de validade da razão, o que implica uma radicalização da *Aufklärung*, a difícil tarefa formadora de conduzir o esclarecimento às suas raízes: um conceito de razão uno e rigorosamente diferenciado. Caberia à cultura estética desencadear esse processo de tal modo que a razão não mais se firmasse unilateralmente, mas se enraizasse no cotidiano pelo desdobramento integrado das distintas formas da racionalidade. A racionalização da cultura visada pelo esclarecimento careceria assim, naquele momento, do corretivo da cultura estética.

A mais urgente necessidade da nossa época parece ser o enobrecimento dos sentimentos e a purificação ética da vontade, pois muito já foi feito pelo esclarecimento do entendimento. Não nos falta tanto em relação ao conhecimento da verdade e do direito quanto em relação à eficácia desse conhecimento para a determinação da vontade, não nos falta tanta *luz* quanto *calor,* tanta cultura filosófica quanto cultura estética. Considero esta última como o mais eficaz instrumento da formação do caráter e, ao mesmo tempo, como aquele que é inteiramente independente do estado político e que, portanto, deve ser mantido mesmo sem a ajuda do Estado.

A defesa da cultura estética nada tem de unilateral. Ela é antes um argumento historicamente motivado, erguido

Schiller & a cultura estética

quando a Revolução Francesa ultrapassara o seu zênite, quando o momento heróico da burguesia fora vencido pela hora do Terror. Mas se Schiller ainda guardava alguma esperança de uma "regeneração no âmbito político", ele a depositava justamente na formação do homem e no papel que a arte e o gosto deveriam desempenhar aqui. E se ele estendeu sua crítica à *Aufklärung*, foi para radicalizá-la pela exigência de uma cultura da razão em todo o seu espectro de validade. A exigência de uma cultura integral coincidia com a de uma cultura racional, pois racional é somente aquela que mobiliza integralmente as formas da racionalidade. Radicalizar a *Aufklärung* implicava assim superar a ênfase no intelectualismo como expressão unilateral da cultura teórica, abrindo espaço para uma mediação imprescindível à emancipação do homem das coerções do reino da necessidade e à instituição da liberdade: o poder formador e enobrecedor da arte e do gosto.

A força dessa mediação já se faz presente na experiência estética, pois a arte não é um simples prazer *dos* sentidos, mas *através* destes, o que exige algo mais da fruição.

Eis aqui o ponto, Magnânimo Príncipe, onde a arte e o gosto tocam os homens com sua mão formadora e demonstram sua influência enobrecedora. As artes do belo e do sublime vivificam, exercitam e refinam a faculdade de sentir, elas elevam o espírito dos prazeres grosseiros da matéria à pura complacência nas meras formas e o habituam a introduzir a auto-atividade também em suas fruições. O verdadeiro refinamento dos sentimentos consiste porém sempre em que nisto é proporcionado um quinhão à natureza superior do homem e à parte divina de sua essência, sua razão e sua liberdade.

Essa defesa da arte não se confunde com uma ingênua idealização dos seus efeitos formativos. Que a arte tivesse sucumbido às mesmas forças da época que deveria combater, que o "gosto *produtivo*" tivesse se deixado guiar pelo "gosto *ajuizador*", era algo que se explicava pelo fato de o artista ser filho de sua época e buscar a aprovação do seu público contemporâneo; mas Schiller jamais tomou esse fato como uma justificativa para aquela subordinação do artista e da arte ao gosto de uma época. É precisamente nesse ponto que a necessidade da estética, resultante da "revolução no mundo filosófico", vem ao encontro da necessidade da cultura estética, engendrada pela revolução no mundo político, pois as leis da arte não podem ser ditadas pelas contingências do gosto, mas apenas pelo espírito. Daí a necessidade de estabelecer o estético não sobre bases empíricas, mas como uma esfera autônoma fundada em princípios racionais. Somente a consciência de que o *locus* desses princípios, a "humanidade ideal", é também a "límpida fonte da beleza" seria capaz de imunizar a arte contra o espírito dominante à época, mantê-la de acordo com a sua destinação e, portanto, acima de toda barbárie e indignidade.

Esse apelo à "humanidade ideal" como a "límpida fonte da beleza", embora ainda careça de uma dedução rigorosa, não é uma exigência que, ao afastar-se da mediocridade do gosto dominante, termina por cortar os seus vínculos com a história e o presente, tornando-se uma exigência abstrata. Ao contrário, ela só se concretiza numa relação viva com as obras exemplares, antigas ou modernas. Tais obras são exemplares porque transcendem todas as medidas locais, a contingência de todos os contextos; como a verdade teórica e a correção normativa, sustentam sua pretensão de validade estética como algo passível de reconhecimento por todos e por cada um. Por isso, a reflexão metódica sobre as condições de validade e os limites do gosto produtivo e ajuizador torna-se agora tão necessária à arte quanto a crítica dos usos teórico e prático da razão o foi para a fundamentação da matemática e das ciências naturais, da moral, da religião e do direito. Essa tarefa não é nada simples; afinal,

> para que a arte não encontre a infelicidade de naufragar na imitação do espírito da época, do qual deve se destacar, ela tem de ter *ideais* que lhe mostrem constantemente a imagem do sumo belo; por mais profundamente que a época possa se aviltar, ela terá de se pôr em segurança, mediante um *código de leis* próprio, diante tanto do despotismo de um gosto local e unilateral, como também diante da anarquia de um gosto tornado selvagem (diante da barbárie). Ela possui ideais em parte já nos modelos imortais que o gênio grego e o de alguns modernos a ele afins deram à luz e que, eternamente inatingidos, sobreviverão a toda mudança do gosto da moda. Mas um código de leis é o que lhe faltou até agora, e proporcionar-lhe este é um dos mais difíceis problemas que a razão

filosofante pode se propor — pois o que pode ser mais difícil do que conduzir a ação do gênio sob princípios e unificar a liberdade com a necessidade?

Com isso, a relevância da problemática eleita por Schiller como tema de sua correspondência com o príncipe de Augustenburg é justificada ao mesmo tempo sob dois aspectos: o estritamente filosófico e o prático-político. Mas, como que se antecipando às objeções a que sua tese poderia estar sujeita, Schiller projeta o seu próximo passo. Afinal, para mostrar que sua confiança no poder regenerador da arte e do gosto não era nada extemporânea, era preciso "colocar fora de dúvida, antes de tudo o mais, a influência da cultura estética sobre a cultura ética". Em outras palavras, era preciso mostrar não apenas *que*, mas *como* a *Aufklärung* exige, contra a ênfase unilateral na cultura teórica, a permeabilidade dos momentos da razão. Eis aqui a perspectiva em que se deixa ver o problema que as cartas seguintes tratarão de resolver, especialmente no que toca ao nexo entre a cultura estética e a razão prática.

A cultura estética e a razão prática: uma radicalização da *Aufklärung*

Schiller esperava ter convencido o Príncipe de que as necessidades morais e políticas da época conferiam à teoria estética uma relevância que não poderia ser subestimada nem pelo filósofo político. Afinal, Schiller dizia se toda melhoria fundamental do Estado tem de começar com o enobrecimento do caráter, este, porém, tem de se erguer sobre o belo e o sublime.

O Príncipe respondeu a Schiller em 2 de setembro de 1793, entusiasmado com o rumo de suas reflexões e certo de que sua fama seria imortal, caso ele as conduzisse a bom termo. Embora endossasse as opiniões de Schiller, especialmente quanto ao "reino" — ainda distante — da "liberdade política", o juízo do Príncipe sobre a *Aufklärung* era mais duro: como patrono da Universidade de Copenhague e dirigente da comissão responsável pela reforma das instituições de ensino, para ele o estado da cultura teórica era tão precário quanto o resto, pois a falta de calor nos corações parecia-lhe tão grande quanto a de luz no entendimento.

A resposta de Schiller tardaria um pouco. O nascimento do seu primeiro filho, uma longa visita à Suábia, onde reviu parentes e amigos depois de mais de dez anos de exílio, as novas crises de saúde — tudo isso exigia tempo e atenção, mas não o desviou completamente do trabalho filosófico. Ao final de setembro, ele retomou o estudo da *Crítica da faculdade do juízo*. No início de outubro, esboçou um artigo sobre o problema dos "costumes estéticos", o que resultaria pouco depois em "Sobre o perigo dos costumes estéticos" e "Sobre a utilidade moral dos costumes estéticos"; ao mesmo tempo, planejava um estudo sobre o "ingênuo", primeiro germe de *Sobre poesia ingênua e sentimental* que viria a ser publicado em 1796.

Naturalmente, essas leituras e preparativos incidiram sobre a retomada da correspondência com o Príncipe. Schiller enviou-lhe ainda mais quatro cartas em 1793: duas em novembro e duas em dezembro, todas escritas em Ludwigsburg. A primeira carta de novembro, datada no dia 11, acompanha um longo adendo no qual Schiller retoma seus argumentos no ponto em que os deixara na carta de 13 de julho.

Se ele aceitou a objeção do Príncipe sobre o estado igualmente precário da cultura teórica na carta de 2 de setembro, foi para colocar em questão, mais uma vez, o sentido da *Aufklärung*. Afinal, como explicar o descompasso entre a vida cotidiana e os conhecimentos especializados acumulados pela cultura teórica e a cultura prática? O que impedia a recepção adequada desses conhecimentos e o enraizamento da *Aufklärung* na vida cotidiana? Schiller evocava o dito de Horácio — "*Sapere aude!*" (Ousa saber!) — que Kant tomara em seu famoso artigo sobre a *Aufklärung* como a máxima da atitude esclarecida. Contudo Schiller parecia entender que a *Aufklärung*, a saída do homem de uma menoridade à qual se acomodara, sua libertação dos preconceitos e de todas as formas de tutela, o exercício da autodeterminação em todos os planos tinha significados distintos no interior de uma sociedade tão antagônica. O empenho pela autodeterminação certamente implica a luta contra o predomínio unilateral das forças sensíveis. No entanto, a maioria da humanidade ainda se encontrava de tal modo absorvida por uma outra luta — a luta pela existência — que não lhe restava forças para a dissolução

Schiller & a cultura estética 35

dos absurdos, das ilusões, dos preconceitos: exausta por essa luta sem fim, permanecia sob a tutela do Estado e do clero.

Sensível à pobreza e à exploração do trabalho, Schiller acreditava que o esclarecimento dessa grande massa deveria começar pelo físico, pois sem a satisfação de suas necessidades vitais mais elementares a "liberdade da razão" permaneceria uma meta distante. Mas isto não quer dizer que Schiller condicionasse o esclarecimento a uma transformação da totalidade das relações de produção em proveito dos interesses das classes pobres e exploradas. Ele apelava ao Estado, cujo "primeiro dever" pela causa do esclarecimento seria "o cuidado com o bem-estar físico dos cidadãos".

> Não fosse o bem-estar físico a condição unicamente sob a qual o homem pode despertar para a maioridade do seu espírito, ele nem de longe mereceria por si mesmo tanta atenção e consideração. O homem é ainda muito pouco se mora num ambiente aquecido e fartou-se de comer, mas precisa morar num ambiente aquecido e ter se fartado de comer se a melhor natureza deve se fazer sentir nele.

Por isso, a massa que padecia sob o jugo da necessidade física era antes digna de compaixão que de desprezo, pois desprezível é somente o que, livre daquele jugo, continua um "escravo dos sentidos". Para este, o esclarecimento implicaria o sacrifício do que possui — e que não resistiria à prova do entendimento — em proveito do que um saber sem preconceitos poderia lhe proporcionar. E como a receptividade a um tal saber dependeria antes de tudo da força de uma convicção interna, o acesso à cultura teórica se via assim condicionado pela eficácia da cultura prática. Schiller escrevia ao Príncipe:

> Por essa razão reputei-me autorizado a explicar a última como a necessidade *mais urgente* de nossa época, pois todas as experiências me convencem de que não só impedimentos *objetivos* (insuficiência da ciência) como antes impedimentos subjetivos (falha da vontade) se opõem ao esclarecimento, e que se agora ainda suportamos o jugo dos preconceitos, isto repousa apenas na frouxidão do espírito.

À barbárie e à lassidão Schiller contrapunha "a cultura do gosto como o meio mais eficaz de combater esse duplo mal". Mas como isso é possível? Em primeiro lugar, Schiller advertia que não considerava a cultura do gosto como o *único* meio, pois a "formação do gênero humano" dependia ainda de "uma sólida pesquisa da natureza e uma filosofia pragmática". Sua convicção era a de que a união da filosofia e da experiência pelo esclarecimento do homem acerca da natureza e da liberdade seria instável e pouco duradoura enquanto não fossem superados os obstáculos subjetivos ao conhecimento da verdade. "Melhorar esta má disposição é, na minha opinião, obra da cultura estética", mas não de sua ação isolada.

Como o que estava em jogo era a formação do homem como um todo, em vista da liberdade como o seu mais alto fim, a unidade da razão e do esclarecimento se deixa ver na ênfase com que Schiller defende a unidade da "cultura estética" e da "cultura científica" como a necessária colaboração entre ambas. Assim como o gosto não é capaz de um desempenho cognitivo, o saber não tem o poder de incidir sobre a vontade, transformando conhecimentos em máximas práticas, embora o gosto, na medida em que mobiliza todo o nosso ânimo, possa torná-lo receptivo para a apropriação prática do que a cultura científica tem a oferecer.

Na resposta à pergunta sobre como a cultura do gosto poderia resultar num combate eficaz à barbárie e à lassidão, Schiller também via a chance de dissolver um equívoco que se manifestava tanto na simples defesa do gosto como imprescindível ao enobrecimento do caráter e dos costumes, quanto na opinião de que se paga caro demais por tal benefício. Schiller admitia a dificuldade de apontar

> um único caso na história onde a cultura estética tivesse caminhado de mãos dadas com a virtude civil e a liberdade política.

E se na Grécia, em Roma ou no mundo árabe, na Itália ou na França de Luís XIV o florescimento da arte e do gosto teria trazido consigo a lassidão, comprometendo a "energia do caráter" de que depende toda virtude, não seria assim temerário "considerar a cultura estética como o instrumento pelo qual a cultura ética é promovida"?

O esforço de Schiller foi o de colocar em evidência o momento de verdade das duas posições, superando sua unilateralidade: ambas estavam ancoradas na natureza mista do homem, mas não conseguiam abarcá-la como um todo, enfatizando ora suas necessidades como um ser físico, ora como um ser racional. Se a cultura estética era chamada a desempenhar um papel central na formação do homem para a liberdade, era preciso antes compreender a constituição peculiar do homem como o sujeito e o objeto dessa formação promovida pelo gosto. A antropologia é o fundamento da teoria estética.

Moralismo e esteticismo, racionalismo e sensualismo se dissolvem quando se considera a unidade da natureza mista do homem na diferença de suas necessidades. A influência relaxante do belo, por vezes tão deplorada em nome da moralidade, pode ser no entanto benéfica, pois harmoniza as tensões de nossa natureza mista. Enquanto é dominante, o ser sensível enfraquece o poder de autodeterminação racional segundo princípios, reprimindo assim a fonte da liberdade humana. Como o belo é capaz de quebrar a força da energia sensível, seu efeito relaxante é favorável à autodeterminação racional, embora só seja digno se resultar da auto-atividade do espírito e não da carência da força sensível. A formação estética do homem favorece a sua formação ética na medida em que é capaz de conter o ímpeto da natureza em nós e suscitar a atividade da razão.

> Esse duplo efeito é o que eu exijo incansavelmente da bela cultura e para o qual ela encontra também no belo e no sublime os instrumentos necessários.
> Mediante o belo, ela contraria a recaída na selvageria; mediante o sublime, o relaxamento; e apenas o mais exato equilíbrio de ambos os modos de sentir completa o gosto.

A unidade do gosto, como unidade do belo e do sublime, está assim radicada na natureza mista do homem, de cujo equilíbrio depende a possibilidade da satisfação integral de suas necessidades. Cabe à cultura do gosto harmonizar as tensões de uma natureza instável e vulnerável. Mas como justificar a tese de que o belo "refina o rude filho da natureza e ajuda a educar o homem meramente sensual, tornando-o um homem racional", e de que o sublime "melhora as vantagens da bela educação, confere elasticidade ao refinado homem da arte e combina as virtudes da selvageria com as vantagens do refinamento"? Segundo Schiller, a avaliação do significado do gosto e das artes para a humanidade depende da justificativa dessa tese.

A ordem física é a ordem natural como um sistema mecânico e teleológico. A determinação natural do homem é a de ser uma força entre forças e a causa de certos efeitos. O que importa para os fins da natureza são esses efeitos, e não o homem mesmo; a matéria de sua ação, e não sua forma e seu fundamento de determinação. Como ser natural, o homem é antes de tudo um ser passivo cuja ação é determinada pelo que ele sente. Isso vale tanto para as sensações mais elementares quanto para os sentimentos morais, pois através destes a natureza promove os seus fins, indiferente à virtude propriamente dita, mas não às suas conseqüências físicas. Como a satisfação dos fins naturais não pode esperar pela formação moral do homem, a natureza se antecipa, realizando pelo sentimento o que o homem realizaria pela autodeterminação racional.

Isto porém não significa que se deva desprezar o que o homem é capaz de fazer pela autodeterminação mediante princípios, nem que se queira vê-lo livre de sentimentos morais. Schiller reconhece a eficácia de tais sentimentos, pois eles enobrecem o homem, mas nunca os admite como fundamento da ordem moral. Daí a advertência:

> O sentido interno ou a faculdade de se afetar a si mesmo por pensamentos *especifica* o homem apenas como uma espécie animal dotada de entendimento e como um nobre ser natural; mas apenas sua racionalidade, ou a faculdade de agir pelo pensamento puro, pode distingui-lo *genericamente* do animal.

Essa premissa antropológica é essencial. Na ordem moral, o homem não é uma simples coisa ou meio, uma força entre forças determinada a agir pelo que sente, e sim uma força absoluta, fundada em si mesma: como pessoa e fim, age pelo poder de sua convicção racional em estrita concordância com o fundamento de determinação e a forma do agir, indiferente aos seus efeitos. O sensível, a ordem natural, está para um estado de dependência assim como o racional, a ordem moral, para um estado de liberdade. De que maneira transitar do sensível ao racional, do natural ao moral, da dependência à liberdade, da passividade à atividade, do ser determinado à autodeterminação? Esse é o problema fundamental. Como faculdade soberana na ordem moral, a razão exige que se abstraia dos sentimentos; mas Schiller alerta:

Sou um ser sensível desde muito antes de chegar a me conhecer como inteligência, e embora a razão em mim tenha moralmente a *prerrogativa*, a natureza em mim sempre tem fisicamente a *dianteira*.

Se fosse possível tirar partido dessa dianteira e contar com a habilidade adquirida na experiência para fazer valer aquela prerrogativa, a transição da natureza à liberdade estaria assegurada. Mas como é uma exigência da razão que a natureza não tenha voz na ordem moral, resta apenas o caminho inverso: a racionalização do sensível. Afinal, segundo Schiller, naquelas circunstâncias em que agimos como seres sensíveis não é de modo algum necessário que nos comportemos apenas passivamente. Não só podemos como devemos introduzir a auto-atividade em tais circunstâncias, pois é honroso para o homem realizar pela força ativa o que teria feito apenas pela passividade do sentimento. Por isso Schiller dizia que sua estima era menor por alguém que recorre a motivos materiais e mesmo religiosos onde o dever já pronunciara sua sentença, assim como apreciava muito mais quem revelasse gosto em situações nas quais outros apenas satisfazem uma necessidade.

Portanto, o espírito auto-ativo tem de abrir em nós sua eficácia já no âmbito dos sentimentos, e uma força que deve se manifestar em seguida no âmbito moral em completa pureza tem de *ter a vez* já nos feitos sensíveis e estar em exercício.

Para vir a ser o que é, ou seja, aquilo para o que foi determinado pela natureza e pela razão, o homem deve percorrer três níveis: o físico, o estético e o moral. No primeiro nível, a sujeição à natureza é total. Ela se afigura ao homem como objeto do seu desejo ou como um ser hostil do qual ele se afasta. Apenas a contemplação aniquila esse estado de sujeição. O segundo nível, o da contemplação estética — "a primeira relação *liberal* do homem para com a natureza que o cerca" — é a mediação que torna possível sua transição do físico ao moral, pois o livra da necessidade que o acorrenta ao estado físico: "O desejo destrói seu objeto, a contemplação não o toca." O prazer do desejo não se confunde com o da contemplação, pois neste não há desejo. Ele se satisfaz com a "mera representação" do objeto, "indiferente diante da existência do mesmo". À base da contemplação está assim o que para Kant era a condição fundamental para o ajuizamento do belo: a atitude *desinteressada* — algo talvez tão plausível para Schiller que ele sequer precisou de mencionar explicitamente a *Crítica da faculdade do juízo*.

O *momento de passividade* da contemplação se faz presente na medida em que somos afetados por um objeto, mas o prazer não decorre dessa impressão material e sim da *ação* pela qual damos forma a essa matéria. Na satisfação proporcionada pela contemplação livre, o objeto não é mais referido apenas e imediatamente ao estado físico e à passividade do sujeito, mas à razão cuja ação o afeta naquele estado. Na contemplação livre, a racionalidade se destaca, mas não em detrimento da sensibilidade. Por isso, a transição do físico ao estético torna possível que o homem tome posse da totalidade das suas forças.

Fiz a importante experiência de que sou mais e tenho mais em mim do que uma mera força passiva, e comecei a exercitar esta força superior.

Na medida em que promove esse exercício, a experiência estética favorece a transição à dinâmica das faculdades própria ao estado moral. Se no primeiro nível o homem deseja porque sente, e sente porque foi afetado como um ser passivo, de tal modo que tanto a causa quanto o conteúdo são simplesmente físicos, no segundo nível o homem sente porque age, ou seja, porque afeta a si mesmo como um ser racional. Ele sofre algo, o efeito da ação é sensível, mas não a causa do sentimento de prazer.

Mais um nível adiante e eu ajo porque agi, ou seja, eu quero porque conheci. Elevo conceitos a idéias e idéias a máximas práticas. Aqui, no terceiro nível, deixo a sensibilidade totalmente atrás de mim, e me elevei à liberdade dos espíritos puros.

Na carta escrita pouco depois, a 21 de novembro, Schiller retornou a esse motivo no intuito de desenvolvê-lo num outro plano: o da história. O despertar do sentido estético, daquela relação liberal com a natureza, desempenha um papel decisivo na humanização do homem. Na gênese e no desenvolvimento do sentido estético está cifrada a história da liberdade humana, que começa a se manifestar já no simples apego aos ornamentos, no mero impulso de conferir às coisas úteis uma aparência bela.

O selvagem deixa de se contentar com o necessário; exige que ele possua uma qualidade a mais, e em verdade uma qualidade que não mais satisfaz seu impulso animal, e sim um carecimento de uma proveniência melhor. Essa qualidade é o belo. Com certeza, belo apenas para o seu gosto bárbaro, mas trata-se aqui não do *conteúdo*, e sim apenas da *forma do julgar*, e com esta aconteceu uma mudança. Ela já não mais se funda no sentimento imediato e material, e sim na reflexão, na contemplação livre.

Esse impulso que se voltava para as coisas estende-se agora para o sujeito mesmo, para a sua própria aparência.

Ele se enfeita. Os objetos do seu desejo crescem, o número dos seus bens aumenta até que as necessidades artificiais ultrapassem as naturais. A mera utilidade já é um limite demasiado estreito para suas extensas inclinações.

Mas o gosto não transforma apenas a relação do homem para com a natureza, os objetos de uso cotidiano, a sua própria aparência física e os seus semelhantes. Sua representação da divindade também se altera: de objeto de temor servil, cuja força o ameaça como a natureza hostil, ela se transforma num ser mais nobre quando acolhida pela contemplação livre.

O sentido estético prepara o ânimo para a autodeterminação racional sem que para isso tenha de humilhar a natureza. Ainda assim, é preciso compreender melhor não só como o gosto promove a moralidade, mas também em que sentido a impede. Essa é a questão tratada por Schiller nas duas cartas ao Príncipe de dezembro de 1793 e nos artigos "Sobre o perigo dos costumes estéticos" e "Sobre a utilidade moral dos costumes estéticos". Já em outubro de 1793 Schiller confiou a Körner que trabalhava num escrito semelhante a "Sobre graça e dignidade" e cujo tema era o convívio, a sociabilidade, o trato estético (*der ästhetische Umgang*). Entusiasmado com esse trabalho, Schiller pensava em enviá-lo a Göschen, seu editor, para que ele o publicasse no ano seguinte, mas seus planos tiveram um resultado diferente: "Sobre o perigo dos costumes estéticos" apareceu somente no número de novembro de 1795 da revista *As horas* e "Sobre a utilidade moral dos costumes estéticos", no de março de 1796. Os dois artigos remontam aos meses passados por Schiller em Ludwigsburg, no outono e no inverno de 1793. Na verdade, este último reconstitui com poucas modificações o texto da carta de 3 de dezembro ao Príncipe.

No primeiro parágrafo dessa carta Schiller apresentava a questão a ser tratada:

Tenho a responder à pergunta sobre o *quanto a virtude ganha através do gosto.*

Essa questão deve ser entendida não só no contexto da correspondência com o Príncipe, como também no dos confrontos de Schiller com as teses de Kant sobre a natureza do belo e da moralidade, documentados especialmente nos *Fragmentos das preleções sobre estética do semestre de inverno de 1792-93*, na correspondência com Körner acerca do projeto de *Kallias* e em "Sobre graça e dignidade". Nesse sentido, o segundo parágrafo deixa claro um dos pontos de divergência entre Schiller e Kant. Dizendo-se "inteiramente *kantiano*" quanto ao "ponto principal da doutrina dos costumes" — ou seja, de que o fundamento de determinação de uma ação moral deve ser apenas a lei da razão e não as inclinações —, Schiller, no entanto, argumenta pela utilidade dos costumes estéticos contra o rigorismo da ética kantiana, especialmente em sua *aplicação*.

Ao rever o manuscrito dessa carta para dele extrair um artigo, Schiller suprimiu os dois primeiros parágrafos em proveito de uma alusão a "Sobre o perigo dos costumes estéticos", recentemente publicado. Sua tese nesse artigo era a de que os costumes estéticos tornam-se *perigosos* quando o gosto é tomado como o fundamento de determinação da vontade. Uma vez que o gosto exige a harmonização da sensibilidade com a razão, disso pode resultar a transformação do simples acordo entre essas faculdades num pacto velado e ilegítimo: a convergência contingente entre a sensibilidade e o dever é colocada, assim, como necessária, pelo que a imaginação — legisladora soberana na esfera do gosto — usurpa o lugar da razão, o poder soberano na esfera do dever. Numa palavra, o perigo dos costumes estéticos consiste no esteticismo — uma retotalização unilateral das esferas da razão.

Naquela mesma época, Schiller havia investigado esse problema sob um outro aspecto, também mencionado na correspondência com o Príncipe: o das relações entre a esfera estética e a esfera teórica, o que resultou no ensaio

"Sobre os limites necessários no uso das formas belas, particularmente na apresentação de verdades filosóficas", publicado em setembro de 1795 em *As horas*. Esse ensaio remonta ao contexto de sua polêmica com Fichte no verão de 1795, desencadeada pelo fato de Schiller ter recusado acolher em sua revista uma colaboração do amigo: "Sobre espírito e letra na filosofia. Numa série de cartas". Schiller viu neste escrito de Fichte uma réplica inoportuna às suas cartas sobre a educação estética do homem. Um dos pontos de desacordo era o estilo de Schiller. Fichte o acusava de uma mescla ilegítima de especulação filosófica e linguagem poética, conceito e imagem. Sob esse aspecto, o ensaio "Sobre os limites necessários no uso das belas formas, particularmente na apresentação de verdades filosóficas" é uma resposta a Fichte.

Mais que uma advertência sobre os riscos da estetização da teoria, esse ensaio é uma das mais brilhantes análises já realizadas sobre o problema da forma da exposição da filosofia e a especificidade da prosa filosófica. Ao preparar o segundo volume dos seus *Escritos menores em prosa*, publicado em 1800, Schiller fundiu esse ensaio e "Sobre os perigos dos costumes estéticos" num único texto, simplesmente intitulado "Sobre os limites necessários no uso das belas formas". Determinando rigorosamente os limites das esferas teórica, prática e estética, ele mostrou ao mesmo tempo em que sentido a permeabilidade entre essas esferas não lesa nem a autonomia das formas de racionalidade que se aninham em cada uma delas nem a unidade da razão assim diferenciada.

Já a tese central de "Sobre a utilidade moral dos costumes estéticos" é a seguinte: embora a moralidade não possa ser fundada no sentimento da beleza ou em qualquer outro tipo de sentimento, pois deve ter seu fundamento nela mesma; embora o gosto jamais possa *produzir* algo de moral através de sua influência", ainda assim é capaz de *favorecer* a moralidade". A rigor, Schiller considera a utilidade moral dos costumes estéticos segundo a distinção entre moralidade e legalidade, como Kant a formulara na *Crítica da razão prática*: "O essencial de todo o valor moral das ações depende de *que a lei moral determine imediatamente a vontade*. Se a determinação da vontade acontece *conforme* a lei moral, mas apenas mediante um sentimento, seja ele de que tipo for, que tem de ser pressuposto para que aquele se torne um fundamento de determinação suficiente da vontade, portanto, não *por causa da lei*, então a ação conterá *legalidade*, mas não *moralidade*."

De acordo com essa distinção, os costumes estéticos podem ser úteis sob um duplo aspecto: *indiretamente*, na medida em que estiverem à base de ações que, tendo seu fundamento de decisão no plano sensível, revelem uma similaridade à moral já que seriam afins ou análogas a ela e, por isso, dotadas ao menos de legalidade; *diretamente*, através de ações decididas no plano racional, embora não contra — e sim com — as inclinações, o que as torna conformes à moral tanto na forma quanto no conteúdo. Um ânimo esteticamente cultivado já não mais se satisfaz com inclinações apenas sensíveis. O gosto o despertou para inclinações espiritualizadas, para desejos de ordem, harmonia e perfei-

Schiller & a cultura estética 49

ção. Embora não sejam virtudes em sentido próprio, tais desejos revelam uma similaridade à virtude, pois quando a razão faz valer a lei moral, pode contar com a aprovação — e não com a resistência — de uma inclinação afeita a desejos que a favoreçem.

As afinidades entre o estético e o moral revelam a unidade entre o físico e o espiritual. Se o que importa ao fórum moral é que nossas ações expressem nossas convicções, interessa ao fórum físico que nossas convicções resultem em ações que promovam o fim da natureza. No entanto, a ordem física e a ordem moral, o reino das forças e o reino das leis estão de tal modo um para o outro, que as ações que encerram em sua forma uma conformidade a fins moral revelam, no seu conteúdo, uma conformidade a fins física. Assim, o bem figura como o mais alto fim tornado possível pela natureza e, ao mesmo tempo, como um meio pelo qual a ordem natural é mantida. A ordem natural e a ordem moral dependem de tal modo uma da outra que não se pode ferir uma sem prejuízo da outra.

Como não se pode esperar que nossa natureza se conduza sempre pela pura razão, como temos de admitir a contingência da virtude, não podemos permitir que "o melhor do mundo" se assente em bases tão frágeis, especialmente se temos em mente a vulnerabilidade das ordens natural e moral, tão dependentes uma da outra. Por isso Schiller considera uma obrigação que ao menos a ordem natural seja satisfeita pelo conteúdo de nossas ações; em nossa imperfeição e falibilidade, continuaríamos a dever ao tribunal da razão, mas teríamos pago o que devemos ao fim da natureza. A contingência da virtude requer a promoção da legalidade sob pena da dissolução das relações sociais.

Se é pela vulnerabilidade humana que não se pode dispensar o rigor na teoria, Schiller afirma, é também por ela que se deve ser prudente em sua aplicação, de modo que o bem da humanidade, sempre ameaçado pela contingência da virtude, seja ao menos indiretamente assegurado pela religião e pelo gosto. Embora coloque a religião e o gosto num mesmo nível, já que ambas assumiriam a mesma função de substitutivo da verdadeira virtude, elas não desempenham essa função do mesmo modo, como se lê nos quatro últimos parágrafos da carta à qual remonta o artigo "Sobre a utilidade moral dos costumes estéticos" e que não figuram nele. Schiller parece convencido da superioridade do gosto sobre a religião.

> Onde nenhuma cultura estética abriu o sentido interno e aquietou o sentido externo, e as nobres sensações do entendimento e do coração ainda não limitaram as necessidades comuns dos sentidos, ou na situação em que também o maior refinamento do gosto não pode impedir o impulso sensível de insistir numa satisfação material — aí está a religião, que também indica ao impulso sensível um objeto e lhe assegura uma indenização pelas vítimas que ele faz à virtude, aqui ou ali. ... A religião é para o homem sensível o que o gosto é para o refinado, o gosto é para a vida habitual o que a religião é para a extremidade. Num desses dois apoios, quando não de preferência em ambos, *temos* porém de nos manter, na medida em que não somos deuses.

A religião estaria para a massa do povo assim como o gosto para as "classes mais refinadas": lá ela seria "o contrapeso dos seus padecimentos"; aqui, uma garantia da "conformidade à lei da conduta". Sob esse aspecto, a situação da França parecia crítica aos olhos de Schiller, pois a Revolução, ele dizia, "derrubou agora ao mesmo tempo a religião e abandonou o gosto à selvageria" — e isso precisamente num momento em que o "caráter da nação" estaria longe de poder prescindir de tais apoios.

Numa carta a Goethe de 17 de agosto de 1795, Schiller chegou mesmo a afirmar que o traço característico da religião cristã — segundo a sua idéia, mas não em suas formas históricas, nas quais ela se desqualifica — estaria na

> *superação da lei* ou do imperativo kantiano, em cujo lugar o cristianismo quer ver colocada uma livre inclinação. Ele é, pois, em sua forma pura, a apresentação da *bela* eticidade e da encarnação do sagrado e, nesse sentido, a única religião *estética* ... .

Acima da ação *moralmente boa*, que para Kant era aquela que se dá exclusivamente pela determinação racional da vontade, Schiller colocava a ação *moralmente bela*. Nesta, a determinação racional e a inclinação sensível se fundem de tal modo que o natural aparece como se fosse o livre, e o livre como se fosse o natural, pelo que Schiller se refere à superação cristã do imperativo categórico não por uma simples *inclinação*, mas por uma *livre* inclinação.

A concepção da beleza moral, originalmente desenvolvida nas cartas a Körner sobre *Kallias* e em "Sobre graça de dignidade", converge assim com a do imperativo ético cristão "em sua forma pura". Isso porém não significa que a reflexão sobre a utilidade moral dos costumes estéticos culmine numa defesa da ética cristã contra a moral kantiana. Ela resulta antes de uma concepção enfática e abrangente de *Aufklärung*, na qual o esclarecimento estético, o esclarecimento moral e o esclarecimento teórico remetem uns aos outros como uma exigência de um conceito uno e diferenciado de razão.

As cartas de Schiller ao príncipe de Augustenburg foram destruídas no incêndio de 26 de fevereiro de 1794 que consumiu o castelo onde este morava. Em resposta ao comunicado do Príncipe sobre este acontecimento, Schiller pôde ao menos consolá-lo com a notícia de que guardara cópias do material e que o enviaria de novo. Pouco mais de seis meses depois, Schiller o surpreendeu, pois no lugar da cópia das cartas enviou-lhe o primeiro número de *As horas*. Sob o título de *Sobre a educação estética do homem. Numa série de cartas*, a revista estampava parte daquele material, inteiramente remodelado, num total de nove cartas. O restante foi publicado no número de fevereiro (cartas 10 a 16) e no de junho (cartas 17 a 27) daquele ano.

O volume dessa nova versão é pelo menos três vezes maior que o do que se *conservou* da original — sim, porque os manuscritos das cartas de Schiller ao Príncipe durante o ano de 1793 *também* se perderam. O que restou, felizmente, foi uma belíssima cópia num caderno encontrado entre os papéis deixados pelo Príncipe, e que serviu de base para as edições posteriores.

A nova versão, cujo texto definitivo foi publicado em 1801 no terceiro volume nos *Escritos menores em prosa* de Schiller, apresenta muitas diferenças quando comparada com a correspondência de 1793. A religião, por exemplo, já não mais figura como uma âncora da moralidade, pois Schiller se convencera de que a educação estética poderia assumir inteiramente essa tarefa. O diagnóstico da modernidade, em que se destacam motivos que antecipam vivamente a crítica do jovem Marx ao fenômeno da alienação, se estende a um confronto entre os antigos — especialmente os gregos — e os modernos, aliado a um desenvolvimento original da filosofia kantiana da história; mas as críticas à Revolução Francesa, embora conservem o mesmo sentido, são menos eloqüentes.

Além disso, o problema da fundamentação antropológica da estética recebe agora um tratamento mais rigoroso, pois um conceito racional puro da beleza é minuciosamente deduzido do conceito da natureza humana em geral, concebida como um complexo de impulsos. E nessa dedução foi decisiva uma nova influência: a da "doutrina da ciência" de Fichte. Sob esse aspecto, suas preleções em Jena no verão de 1794 sobre a destinação do erudito deram a Schiller uma concepção do homem que, articulada à sua interpretação da doutrina fichteana dos impulsos, projetou sua reflexão sobre o estético e o seu significado formativo para a modernidade nascente num horizonte conceitual bem mais complexo, em cujo centro se encontram suas concepções do "impulso lúdico", do "estado (*Zustand*) estético" e, na última carta, do "Estado (*Staat*) estético".

A posição de Schiller como teórico não é a do filósofo sistemático, mas a de um artista extraordinariamente dotado para o pensamento conceitual. Isto se mostra tanto pela elegância com que o tom ensaístico de seus escritos se harmoniza com a precisão de seus argumentos, quanto pela força e o alcance de sua obra. Nela se destacam não só uma tentativa de fundamentação da estética como uma disciplina filosófica autônoma e uma reflexão sobre a educação estética do homem como uma radicalização da *Aufklärung*, ambas plenas de conseqüências para o seu esforço de "desbarbarizar" um idealismo transcendental sobre cuja letra ainda pesava um racionalismo "ascético" que sufocava o seu espírito, como também uma teoria do trágico e mesmo uma teoria da literatura moderna, desenvolvida em *Sobre poesia ingênua e sentimental*, seu último trabalho filosófico. Mas a grandeza filosófica de Schiller não se deixa reduzir a teses e realizações isoladas. Ela está na força do conjunto de suas reflexões, no efeito duradouro de uma obra que resiste à imagem de um Schiller "utopista", "moralista" ou "esteticista", pois se concentra numa crítica exemplar a toda concepção velada ou explicitamente unilateral da razão, da arte e da própria modernidade.

Seleção de textos

O autor do artigo "Sobre o perigo dos costumes estéticos", no décimo primeiro número de *As horas* do ano passado, colocou em dúvida, com razão, uma moralidade fundada apenas em sentimentos da beleza e que tem unicamente no gosto o seu fiador. No entanto, um sentimento puro e vivo para a beleza tem manifestamente a mais feliz influência sobre a vida moral, e desta tratarei aqui.

Se atribuo ao gosto o mérito de contribuir para a promoção da eticidade, minha opinião não pode ser de modo algum que o quinhão que o bom gosto tem numa ação possa torná-la numa ação ética. Nunca é permitido ao ético ter um outro fundamento que não ele mesmo. O gosto pode *favorecer* a moralidade da conduta, como espero provar no presente ensaio, mas ele mesmo nunca pode *produzir* algo de moral através de sua influência.

Aqui, no que diz respeito à liberdade interna e *moral*, trata-se inteiramente do mesmo caso relativo à liberdade externa e *física;* ajo livremente no último sentido somente quando, independentemente de toda influência estranha, sigo apenas minha vontade. Mas a possibilidade de seguir ilimitadamente minha própria vontade, posso por fim devê-la a um fundamento diferente de mim, tão logo se admita que este teria podido limitar minha vontade. Do mesmo modo, posso por fim dever a possibilidade de agir bem a um fundamento diferente de minha razão, tão logo este é pensado como uma força que teria podido limitar minha liberdade do ânimo. Como se pode muito bem dizer que um homem *recebe* a liberdade de um outro, embora a liberdade mesma consista na dispensa de se orientar de acordo com os outros; do mesmo modo pode-se dizer que o gosto *auxilie* a virtude, embora a virtude mesma implique expressamente que não se recorra a nenhum auxílio estranho.

Uma ação não deixa de modo algum de se chamar livre porque aquele que teria podido limitá-la felizmente nada faz; e isso tão logo apenas sabemos que o agente seguiu aqui meramente sua própria vontade, sem considerar uma vontade estranha. Do mesmo modo, uma ação interna ainda não perde o predicado de uma ação ética porque felizmente faltam as tentações que teriam podido anulá-la; e isso tão logo apenas admitimos que o agente seguiu aqui meramente a sentença da sua razão, excluindo móbeis estranhos. A liberdade de uma ação externa baseia-se meramente sobre sua *origem imediata a partir da vontade da pessoa*; a eticidade de uma ação interna, meramente sobre a *determinação imediata da vontade através da lei da razão*.

Pode se tornar mais difícil ou mais fácil para nós agir como homens livres conforme nos chocamos com forças que atuam contra nossa liberdade e que têm de ser coagidas. Nesse sentido, existem graus de liberdade. Nossa liberdade é maior, ao menos mais visível, quando nós a afirmamos, por mais veemente que seja a resistência de forças hostis,

Schiller & a cultura estética 57

mas ela não cessa quando nossa vontade não encontra nenhuma resistência, ou quando uma violência estranha se intromete e aniquila esta resistência sem a nossa interferência.

O mesmo se passa com a moralidade. Pode nos custar mais ou menos luta obedecer imediatamente à razão conforme se agitem em nós impulsos que estão em conflito com as suas prescrições e que temos de recusar. Nesse sentido, existem graus de moralidade. Nossa moralidade é maior, ao menos mais destacada, quando obedecemos imediatamente à razão, por maiores que sejam os impulsos no sentido contrário; mas ela não cessa quando não há nenhum estímulo contrário, ou quando algo diferente da nossa faculdade da vontade enfraquece este estímulo. Enfim, agimos eticamente bem tão logo agimos apenas porque a ação é ética e sem nos perguntarmos primeiro se é também agradável — posto também que existiria a probabilidade de agirmos de outro modo se isso nos causasse dor ou nos privasse de um prazer.

Para a honra da natureza humana, é possível admitir que nenhum homem pode descer tão fundo a ponto de preferir o mal meramente porque se trata do mal, e sim que cada um preferiria sem diferença o bom, porque é o bom, se não excluísse casualmente o agradável ou não acarretasse o desagradável. Toda imoralidade na realidade parece surgir, pois, da colisão do bom com o agradável, ou, o que chega a ser o mesmo, da apetição com a razão, e ter como fonte, por um lado, a *força* dos impulsos sensíveis e, por outro, a *fraqueza* da faculdade da vontade moral.

A moralidade pode pois ser promovida de dois modos, assim como é impedida de dois modos. Ou tem-se de fortalecer o partido da razão e a força da boa vontade, de modo que nenhuma tentação possa dominá-la, ou tem-se de romper o poder da tentação para que mesmo a razão mais fraca e a boa vontade mais fraca ainda lhe sejam superiores.

Em verdade, poderia parecer como se a moralidade mesma nada ganhasse através da última operação, pois não acontece aqui nenhuma mudança com a vontade, cuja natureza (*Beschaffenheit*) unicamente torna uma ação moral. Isso porém não é de modo algum necessário também no caso tomado, onde não se pressupõe nenhuma má vontade que teria de ser mudada, mas apenas uma boa vontade que é fraca. E esta fraca boa vontade entra em ação por este caminho, o que talvez não tivesse acontecido se impulsos fortes a tivessem contrariado. Onde porém uma boa vontade torna-se o fundamento de uma ação, a moralidade existe efetivamente. Não tenho, pois, dúvida em estabelecer o princípio segundo o qual aquilo que promove verdadeiramente a moralidade é o que aniquila a resistência da inclinação contra o bom.

O inimigo interno natural da moralidade é o impulso sensível, que, tão logo se lhe apresenta um objeto, anseia pela satisfação, e tão logo a razão lhe ordena algo ofensivo, contrapõe-se às prescrições dela. Esse impulso sensível está incessantemente ocupado em atrair a vontade em seu interesse, que, no entanto, está sob leis éticas e tem sobre si a obrigatoriedade de nunca se encontrar em contradição com as exigências da razão.

O impulso sensível não conhece, porém, nenhuma lei ética e quer ter realizado seu objeto através da vontade, pouco importa o que a razão possa dizer sobre isso. Essa tendência da nossa faculdade da apetição de dar ordens à vontade, imediatamente e sem qualquer referência a leis superiores, encontra-se em conflito com a nossa determinação ética e é o mais forte adversário que o homem tem a combater no seu agir moral. Aos ânimos rudes, aos quais falta ao mesmo tempo formação (*Bildung*) moral e estética, a apetição dá imediatamente a lei, e eles agem meramente como apetece (*gelüstet*) aos seus sentidos. Aos ânimos morais, aos quais, porém, falta formação estética, a razão dá imediatamente a lei, e é meramente pela consideração ao dever que eles vencem a tentação. Em ânimos esteticamente refinados existe ainda uma instância a mais, a qual não raro substitui a virtude, onde ela falta, e a facilita, onde ela está presente. Essa instância é o gosto.

O gosto exige moderação e decoro, detesta tudo o que é anguloso, duro, violento, e se inclina a tudo o que se reúne com leveza e harmonia. Que também na tempestade da sensação ouvimos a voz da razão e colocamos um limite aos rudes ímpetos da natureza, é algo que exige de todo homem civilizado, como já se sabe, o bom tom, que não é outra coisa senão uma lei estética. Esta coerção que o homem civilizado se impõe na *manifestação* dos seus sentimentos lhe proporciona um grau de domínio sobre estes sentimentos mesmos, faz com que ele adquira ao menos uma habilidade de interromper o estado meramente passivo de sua alma por um ato de auto-atividade e de deter pela reflexão a rápida transição dos sentimentos às ações. Porém, tudo o que rompe a cega violência dos afetos ainda não produz em verdade nenhuma virtude (pois esta tem de ser sempre sua própria obra), mas abre espaço para a vontade se voltar para a virtude. Essa vitória do gosto sobre o rude afeto não é, porém, de modo algum uma ação ética, e a liberdade que a vontade ganha aqui através do gosto ainda não é de modo algum uma liberdade moral. O gosto liberta o ânimo do jugo do instinto apenas na medida em que o conduz à sua prisão, e enquanto o gosto desarma o primeiro e manifesto inimigo da liberdade ética, não raro ele mesmo ainda permanece como o segundo que, sob a capa do amigo, pode ser apenas tanto mais perigoso. O gosto, a saber, também rege o ânimo apenas através do atrativo do prazer (*Vergnügen*) — de um prazer nobre, sem dúvida, pois sua fonte é a razão — mas onde o prazer determina a vontade, aí não há ainda nenhuma moralidade.

No entanto, algo de grande foi ganho nesse imiscuir do gosto nas operações da vontade. Todas aquelas inclinações materiais e rudes apetites, que freqüentemente se contrapõem tão tenaz e tempestuosamente ao exercício do bem, estão expulsas do ânimo através do gosto, e no lugar delas foram plantadas inclinações mais nobres e mais suaves, que se referem à ordem, harmonia e perfeição, e embora elas mesmas não sejam virtudes, partilham *um* objeto com a virtude. Se pois agora fala o apetite, então ele tem de resistir a um rigoroso exame diante do sentido da beleza; e se agora

Schiller & a cultura estética

fala a razão, e exige ações de ordem, harmonia e perfeição, então ela encontra não apenas nenhuma resistência, e sim antes a mais viva e ardente aprovação por parte da inclinação. Se percorrermos as diferentes formas sob as quais a eticidade pode se manifestar, poderemos reduzi-las sem esforço às duas formas seguintes. Ou a sensibilidade faz a moção de que algo aconteça ou não aconteça, e a vontade dispõe sobre isso segundo a lei da razão; ou a razão faz a moção e a vontade a obedece sem a interpelação dos sentidos.

A princesa grega Anna Komnena nos conta de um rebelde preso que o pai dela, Alexius, quando ainda era o general do seu predecessor, teve o encargo de escoltar até Constantinopla. No caminho, enquanto ambos cavalgavam sozinhos, Alexius teve vontade de parar sob a sombra de uma árvore e restabelecer-se ali do calor do Sol. Logo o sono o venceu; apenas o outro, a quem o temor da morte que o esperava não lhe permitia descanso, permaneceu acordado. Pois bem, enquanto aquele se encontrava em sono profundo, este avistou a espada de Alexius, que estava pendurada num ramo da árvore, e caiu na tentação de se pôr em liberdade pelo assassinato do seu guarda. Anna Komnena dá a entender que não saberia o que teria acontecido se Alexius felizmente não tivesse acordado. Aqui foi o caso de um litígio moral da primeira espécie, onde o impulso sensível se manifestou primeiro e somente depois reconheceu a razão como juíza. Tivesse aquele vencido a tentação a partir apenas do respeito pela justiça, então não haveria nenhuma dúvida de que ele teria agido moralmente.

Quando o saudoso duque Leopold von Braunschweig, às margens do caudaloso Oder, ponderou consigo mesmo se devia abandonar-se, com perigo para sua vida, à turbulenta torrente, para que assim fossem salvos alguns infelizes que sem ele estavam sem socorro — e quando ele — introduzo aqui esse caso — unicamente a partir da consciência deste dever, saltou no barco no qual nenhum outro quis subir, ninguém negará que ele agiu moralmente. O Duque encontrava-se aqui no caso oposto ao anterior. A representação do dever se deu antes, e somente depois o instinto de conservação se deu conta de combater a prescrição da razão. Em ambos os casos, porém, a vontade se comportou do mesmo modo; ela seguiu imediatamente a razão, por isso ambos são morais.

Mas ambos os casos ainda permanecem assim quando concedemos influência ao gosto?

Posto, portanto, que o primeiro, o qual foi tentado a praticar uma má ação e deixou de fazê-lo em respeito à justiça, tenha um gosto tão formado que tudo o que é infame e violento lhe desperta um horror que nada pode vencer, no momento em que o impulso de conservação persiste em algo vergonhoso, o mero sentido estético já o rejeitará — ele pois sequer chegará diante do fórum moral, diante da consciência (*das Gewissen*), e sim cairá já numa instância anterior. Pois bem, o sentido estético rege a vontade, mas apenas através de sentimentos, não de leis. Aquele homem se priva, pois, do agradável sentimento da vida salva, pois não pode suportar a contrariedade de ter cometido algo abjeto. Assim, todo o assunto é tratado já no fórum da sensação, e a conduta desse homem, por legal que ela seja, é moralmente indiferente; ela é um mero efeito belo da natureza.

Posto então que o outro, ao qual sua razão prescreveu fazer algo contra o que o impulso natural se revoltou, tenha igualmente um sentido para a beleza tão exitável que tudo o que é grande e perfeito o encanta, então no mesmo momento em que a razão profere sua sentença também a sensibilidade passará para o lado dela, e ele fará *com* inclinação o que sem esta terna susceptibilidade para o belo teria de ter feito *contra* a inclinação. Mas iremos por isso considerá-lo menos perfeito? Certamente não, pois ele age originalmente a partir do puro respeito pela prescrição da razão; e que ele tenha seguido esta prescrição com alegria não pode prejudicar a pureza ética do seu feito. Ele é, pois, *moralmente* igualmente perfeito; *fisicamente*, em contrapartida, ele é *de longe* mais perfeito, já que é um sujeito muito mais conforme a fins para a virtude.

O gosto oferece ao ânimo uma disposição conforme a fins para a virtude, pois afasta as inclinações que a impedem e desperta aquelas que lhe são favoráveis. O gosto não pode causar nenhum prejuízo à verdadeira virtude, embora em todos os casos em que o impulso natural provoca o primeiro estímulo ele já decide diante do seu tribunal acerca daquilo que senão a consciência teria de ter reconhecido, e portanto é a causa de que, entre os que são regidos por ele, se encontre muito mais ações indiferentes do que verdadeiramente morais. Pois a excelência dos homens não se baseia de modo algum na maior *soma de ações rigorístico-morais isoladas*, e sim na maior congruência de toda a disposição natural com a lei moral, e não depõe muito a favor de um povo ou de uma época quando se ouve falar com tanta freqüência sobre moralidade e feitos morais isolados; antes é permitido esperar que ao final da cultura, se tal coisa se deixa em geral pensar, *falar-se-á* muito menos disso. O gosto, em contrapartida, pode ser *positivamente* útil à verdadeira virtude em todos os casos em que a razão provoca o primeiro estímulo e está em perigo de ser derrotada pela violência mais forte dos impulsos naturais. Nesses casos, a saber, ele harmoniza (*stimmt*) nossa sensibilidade em proveito do dever, e faz portanto que mesmo um grau menor de força de vontade moral esteja à altura do exercício da virtude.

Pois bem, se em nenhum caso o gosto como tal prejudica a verdadeira moralidade, e em muitos, porém, é manifestamente útil, então a circunstância de que ele é vantajoso no mais alto grau à *legalidade* de nossa conduta tem de receber um grande peso. Posto que a cultura do belo não poderia de modo algum contribuir para nos tornar melhor intencionados, ela nos torna ao menos hábeis para agir mesmo sem uma convicção (*Gesinnung*) verdadeiramente ética, como uma convicção ética o teria exigido. Pois bem, diante de um fórum moral, nossas ações só importam realmente na medida em que são uma expressão de nossas convicções; mas, justo ao contrário, diante do fórum físico e no plano da natureza nossas convicções só realmente importam na medida em que ocasionam ações pelas quais o fim da natureza é promovido. Pois bem, ambas as ordens do mundo, a física, onde forças governam, e a moral, onde leis governam, estão porém tão exatamente calculadas uma para a outra e tão intimamente tecidas entre si, que as ações que, segundo sua forma, são moralmente conforme a fins, ao mesmo tempo encerram em si, pelo seu conteúdo, uma conformidade a fins física; e assim como todo o edifício da natureza parece existir apenas para tornar possível o mais alto de todos os fins, que é o bem, assim o bem se deixa usar de novo como um meio para manter de pé o edifício da natureza. A ordem da natureza é tornada, pois, dependente da eticidade das nossas convicções, e não podemos violar o mundo moral sem ao mesmo tempo causar uma perturbação no mundo físico.

Pois bem, se jamais cabe esperar da natureza humana — enquanto permaneça natureza humana — que aja, sem interrupção e recaída, uniforme e persistentemente, como pura razão, e que nunca viole a ordem ética — se em toda convicção (*Überzeugung*) temos de confessar, tanto da necessidade como da possibilidade da virtude pura, quão contingente é o seu exercício efetivo e quão pouco estamos autorizados a edificar sobre a inexpugnabilidade dos nossos melhores princípios — se nessa consciência do nosso caráter incerto nos lembramos que o edifício da natureza sofre através de todos os nossos tropeços morais — se nos recordamos de tudo isto, então a mais injuriosa temeridade seria deixar o melhor do mundo depender dessa casualidade da nossa virtude. Disso resulta para nós antes uma obrigatoriedade de satisfazer ao menos a ordem física do mundo através do *conteúdo* de nossas ações, ainda que, no que toca à ordem moral, não o fizéssemos como se deve, isto é, através da *forma* das nossas ações — ao menos, como instrumentos perfeitos, de pagar ao fim da natureza o que nós, como pessoas imperfeitas, permanecemos devendo à razão, para não ficarmos reprovados com desonra em ambos os tribunais ao mesmo tempo. Se não queremos tomar nenhuma medida para a legalidade de nossa conduta, por ela não ter valor moral, então a ordem do mundo poderia se dissolver e todos os vínculos da sociedade estarem dilacerados antes que estivéssemos prontos com os nossos princípios. Quanto mais contingente é porém nossa moralidade, tanto mais necessário é tomar medidas pela legalidade, e uma falta leviana ou orgulhosa desta última nos pode ser moralmente imputada. Do mesmo modo que o louco, que pressente o seu próximo paroxismo, afasta todas as facas e se deixa prender voluntariamente para não ser responsável num estado sadio pelos crimes do seu cérebro destruído — do mesmo modo também nós estamos obrigados a nos prender pela *religião* e pelas *leis estéticas* para que nossa paixão não fira a ordem física nos períodos do seu domínio.

Coloquei aqui, não sem intenção, a religião e o gosto numa mesma classe, pois ambos têm em comum o mérito de servir para o efeito, embora não segundo o valor interno, de um sucedâneo da verdadeira virtude e de assegurar a legalidade onde não se é de esperar a moralidade. Embora aquele que não tivesse necessidade nem do atrativo da beleza nem da perspectiva de uma imortalidade para se conduzir conforme a razão em todos os acontecimentos da vida ocupasse incontestavelmente uma alta posição na categoria dos espíritos, os conhecidos limites da humanidade obrigam mesmo o mais rígido ético a abrandar algo do rigor do seu sistema ao aplicá-lo, embora nada deva conceder ao mesmo na teoria, e, ainda por segurança, fixar o bem-estar do gênero humano, que estaria muito malprovido pela nossa virtude contingente, nas duas fortes âncoras da religião e do gosto.

"Sobre a utilidade moral dos costumes estéticos"
Friedrich Schiller

Referências e fontes

Todas as citações e referências à obra de Schiller foram traduzidas por mim e provêm de uma mesma fonte: *Schillers Werke. Nationalausgabe* comumente citada pela sigla NA; iniciada por Julius Petersen, continuada por Lieselotte Blumenthal, Benno von Wiese e Siegfried Seidel, organizada por Norbert Oellers (Weimar, Verlag Hermann Böhlaus Nachfolger, 1943 ss.), especialmente do volume 26, que contém a correspondência entre Schiller e o Príncipe: *Schillers Briefe 1790-1794* (organizado por Edith Nahler e Horst Nahler, 1992, p.161, 183-9, 246-7, 259-68, 299, 300-6, 308, 310-3, 315-6, 322, 331-3, 570). De outros volumes foram retiradas as citações e referências das páginas 20 (NA 29, p.220), 33 (NA 34.I, p.309), 48 e 50 (NA 21, p.28 e 37) e 51 (NA 28, p.27-8).

A citação de Jürgen Habermas na página 7 foi extraída de sua obra *Der philosophische Diskurs der Moderne* (Frankfurt, Suhrkamp, 1986, p.59); a de Kant, na página 48, da *Crítica da razão prática* (A 126-7).

A tradução de "Sobre a utilidade moral dos costumes estéticos", feita por mim, segue o texto da *Nationalausgabe* (NA 21, *Philosophische Schriften. Zweiter Teil*. Organizado por Benno von Wiese com a colaboração de Helmut Koopmann, 1963, p.28-37) — que, por sua vez, tomou por base o publicado em *Die Horen* — e foi cotejada com uma tradução portuguesa de Teresa Rodrigues Cadete em *Sobre a educação estética do ser humano numa série de cartas e outros textos* (vide Leituras recomendadas). Para a carta de Schiller ao príncipe de Augustenburg, de 3 de dezembro de 1793, à qual remonta o artigo traduzido, cf. *NA* 26, p.322-33

Além do aparato crítico da *Nationalausgabe*, consultei também o de Rolf-Peter Janz (in F. Schiller, *Werke und Briefe*, vol.8: *Theoretische Schriften*. Organizado por Rolf-Peter Janz, com a colaboração de Hans Richard Brittnacher, Gerd Kleiner e Fabian Störmer. Frankfurt, Deutscher Klassiker Verlag, 1992, p.1.378-85).

Leituras recomendadas

Somente quatro dramas de Schiller estão disponíveis em português: *A noiva de Messina* (trad. Gonçalves Dias, São Paulo, Cosac & Naify, 2004), *Maria Stuart* (trad. Manuel Bandeira, Rio de Janeiro, Tecnoprint, 1993), *Guilherme Tell* (trad. Silvio Meira. Rio de Janeiro, Serviço Nacional de Teatro, 1974) e *Os bandoleiros* (trad. Marcelo Backes. Porto Alegre, L&PM, 2001). Quanto aos poemas de Schiller, não existe ainda uma antologia. De sua vasta correspondência temos somente uma seleção das cartas trocadas com Goethe: *Goethe e Schiller: Companheiros de viagem* (trad. Claudia Cavalcanti. São Paulo, Nova Alexandria, 1993).

Pior é a situação dos escritos históricos de Schiller, pois nenhum deles encontra-se disponível em português. Já a obra estético-filosófica aparece sob uma constelação mais feliz, com quase todos os principais textos traduzidos: *Teoria da tragédia* (trad. Flávio Meurer. São Paulo, Herder, 1962/EPU, 1992), *Cartas sobre a educação estética da humanidade* (trad. Roberto Schwarz. São Paulo, Herder, 1962/EPU, 1990), *A educação estética do homem: Numa série de cartas* (trad. Roberto Schwarz e Márcio Suzuki. São Paulo, Iluminuras, 1990), *Poesia ingênua e sentimental* (trad. e introd. Márcio Suzuki. São Paulo, Iluminuras, 1991), *Kallias ou Sobre a beleza. A correspondência entre Schiller e Körner em janeiro e fevereiro de 1793* (trad. e introd. Ricardo Barbosa. Rio de Janeiro, Jorge Zahar, 2002), *Fragmentos das preleções sobre estética do semestre de inverno de 1792-3* (trad. e introd. Ricardo Barbosa. Belo Horizonte, Editora UFMG, 2004).

Diversos escritos estéticos de Schiller foram publicados em Portugal: *Sobre a educação estética do ser humano numa série de cartas e outros textos* (trad. Teresa Rodrigues Cadete. Lisboa, Imprensa Nacional-Casa da Moeda, 1994), *Textos sobre o belo, o sublime e o trágico* (trad. Teresa Rodrigues Cadete. Lisboa, Imprensa Nacional-Casa da Moeda, 1997).

Sobre o autor

Ricardo José Corrêa Barbosa nasceu em Belo Horizonte a 25 de agosto de 1961. Doutor em filosofia pela PUC/RJ, com estágios de doutoramento na Universidade de Konstanz e de pós-doutoramento na Universidade Livre de Berlim e no Schiller Nationalmuseum/Deutsches Literaturarchiv, em Marbach am Neckar, é professor adjunto do departamento de filosofia da Uerj desde 1994. Entre outros trabalhos, publicou *Dialética da reconciliação. Estudo sobre Habermas e Adorno* (Rio de Janeiro, Uapê, 1996).

Coleção **PASSO-A-PASSO**

Volumes recentes:

CIÊNCIAS SOCIAIS PASSO-A-PASSO

Cultura e empresas [10],
Lívia Barbosa

Relações internacionais [11],
Williams Gonçalves

Rituais ontem e hoje [24],
Mariza Peirano

Capital social [25],
Maria Celina D'Araujo

Hierarquia e individualismo [26],
Piero de Camargo Leirner

Sociologia do trabalho [39],
José Ricardo Ramalho e
Marco Aurélio Santana

O negócio do social [40],
Joana Garcia

Origens da linguagem [41],
Bruna Franchetto e Yonne Leite

FILOSOFIA PASSO-A-PASSO

Adorno & a arte contemporânea [17],
Verlaine Freitas

Rawls [18], Nythamar de Oliveira

Freud & a filosofia [27], Joel Birman

Platão & A República [28],
Jayme Paviani

Maquiavel [29], Newton Bignotto

Filosofia medieval [30],
Alfredo Storck

Filosofia da ciência [31],
Alberto Oliva

Heidegger [32], Zeljko Loparic

Kant & o direito [33], Ricardo Terra

Fé [34], J.B. Libânio

Ceticismo [35], Plínio Junqueira Smith

Schiller & a cultura estética [42],
Ricardo Barbosa

Derrida [43], Evando Nascimento

Amor [44], Maria de Lourdes Borges

Filosofia analítica [45],
Danilo Marcondes

Maquiavel & O Príncipe [46],
Alessandro Pinzani

A Teoria Crítica [47], Marcos Nobre

PSICANÁLISE PASSO-A-PASSO

A interpretação [12], Laéria B.
Fontenele

Arte e psicanálise [13], Tania Rivera

Freud [14], Marco Antonio Coutinho
Jorge e Nadiá P. Ferreira

Freud & a cultura [19], Betty B. Fuks

Freud & a religião [20],
Sérgio Nazar David

Para que serve a psicanálise? [21],
Denise Maurano

Depressão e melancolia [22],
Urania Tourinho Peres

A neurose obsessiva [23],
Maria Anita Carneiro Ribeiro

Mito e psicanálise [36],
Ana Vicentini de Azevedo

O adolescente e o Outro [37],
Sonia Alberti

A teoria do amor [38],
Nadiá P. Ferreira